NOTICE

SUR

CLAUDE VERPILLEUX

INGÉNIEUR-MÉCANICIEN A RIVE-DE-GIER (LOIRE),
ANCIEN DÉPUTÉ A LA CONSTITUANTE, MAIRE ET ADMINISTRATEUR
DES HOSPICES DE RIVE-DE-GIER,
ADMINISTRATEUR DES FORGES DE TERRENOIRE, DES VERRERIES DE LA LOIRE,
DES MINES DE SAINT-ÉTIENNE, DES FORGES ET ACIÉRIES
DE LA MARINE,
MEMBRE DE LA CHAMBRE DE COMMERCE DE SAINT-ÉTIENNE, ETC., ETC.,
OFFICIER DE LA LÉGION D'HONNEUR.

SAINT-ÉTIENNE
IMPRIMERIE THÉOLIER FRÈRES
Rue Gérentet, 12.

1875

NOTICE

SUR

CLAUDE VERPILLEUX

INGÉNIEUR-MÉCANICIEN A RIVE-DE-GIER (LOIRE),
ANCIEN DÉPUTÉ A LA CONSTITUANTE, MAIRE ET ADMINISTRATEUR
DES HOSPICES DE RIVE-DE-GIER,
ADMINISTRATEUR DES FORGES DE TERRENOIRE, DES VERRERIES DE LA LOIRE,
DES MINES DE SAINT-ÉTIENNE, DES FORGES ET ACIÉRIES
DE LA MARINE,
MEMBRE DE LA CHAMBRE DE COMMERCE DE SAINT-ÉTIENNE, ETC., ETC.,
OFFICIER DE LA LÉGION D'HONNEUR.

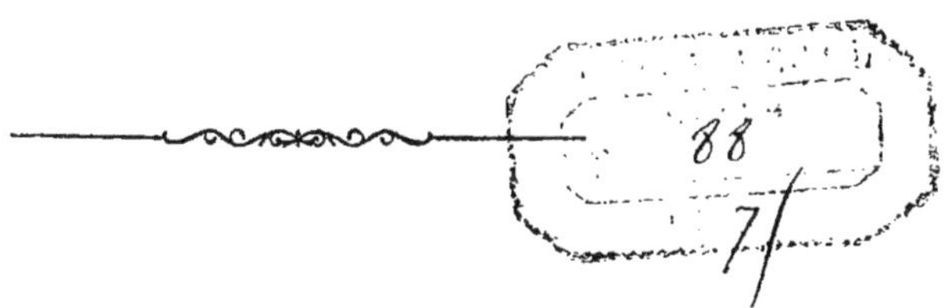

SAINT-ÉTIENNE
IMPRIMERIE THÉOLIER FRÈRES
Rue Gérentet, 12.

1875

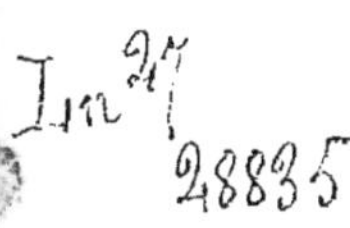

Cette courte notice est consacrée à la vie et à l'œuvre de CLAUDE VERPILLEUX, *simple mécanicien à Rive-de-Gier (Loire), qui a eu la gloire de résoudre quelques-uns des grands problèmes mécaniques de son temps :*

L'extraction de la houille par la vapeur;

La remonte des wagons sur les rampes des chemins de fer;

Le remorquage, à l'aide des Grappins, des bateaux de transport sur le Rhône, etc.

Ces trois importantes solutions — entre tant d'autres — dont une seule suffirait à illustrer la carrière d'un ingénieur d'élite, valurent à VERPILLEUX *une place hors ligne dans le monde scientifique contemporain.*

Nous voulons raconter, dans quelques pages rapides, par quel effort d'intelligence et quelle opiniâtreté de volonté, ce modeste ouvrier mineur s'éleva à cette haute situation sociale, couronnée par une éclatante prospérité matérielle.

Le lecteur tirera de notre récit l'enseignement consolant qu'il comporte. Il verra ce que peuvent encore, dans un pays et à une époque travaillés par les désespérances de l'envie, — et en dehors de toutes conditions économiques de succès — l'énergie de l'esprit jointe à la dignité du caractère, la persévérance dans le travail soutenue par une foi inébranlable en soi et dans la justice finale des autres.

NOTICE

SUR

CLAUDE VERPILLEUX

I

Verpilleux (Claude) naquit à Rive-de-Gier (Loire), le 2 mai 1798, d'un ouvrier chargeur des bateaux du canal, qui gagnait péniblement le pain de sa famille, composée de trois garçons et d'une fille. Son père mourut jeune, laissant une veuve à qui Dieu réservait, en compensation de cette cruelle épreuve, de grandes consolations et d'immenses joies domestiques.

Claude Verpilleux avait douze ans quand il devint orphelin. Il savait lire, un peu écrire et « calculer. » C'était tout le bagage littéraire et scientifique qu'il emportait de l'école des Frères de Rive-de-Gier que le veuvage prématuré de sa mère l'obligea de quitter. Mais il avait retenu de l'enseignement de ses dignes maîtres les principes d'une éducation fortement religieuse, qui devait dominer toute sa vie, et la volonté inébranlable de réussir, cette vertu maîtresse des intelligences supérieures. Il avait, en outre, ce que l'instruction la plus développée est impuissante à donner et qui fait les grands hommes dans toutes les branches des connaissances humaines : la flamme du génie.

II

Plusieurs professions s'offraient au jeune Verpilleux, au sortir de l'école. Il choisit, sans délibérer, celle de mineur, comme présentant un attrait particulier à son imagination aventureuse et hardie ; et, le 15 août 1810, il descendit, pour la première fois, dans le puits de Montjoin, près de Rive-de-Gier, en qualité d'aide rouleur de bennes. Il gagnait 1 franc par jour.

M. Fleurdelix, alors propriétaire et concessionnaire des mines de Rive-de-Gier, esprit sagace et avisé, ne fut pas longtemps à remarquer l'intelligence singulièrement précoce de Claude Verpilleux, dont l'intrépidité et le sang-froid, dans plusieurs accidents, avaient déjà frappé son attention. Il le désigna pour aider au montage d'une machine à vapeur, acquise en Angleterre, pour l'extraction des houilles et qui allait être installée au puits d'Egarande, près de la station actuelle du chemin de fer.

A cette époque, les propriétés de la vapeur, sa production dans les chaudières, son action dans le cylindre, le principe de sa condensation, n'étaient connus, en France, que d'un petit nombre d'ingénieurs. Verpilleux, presque enfant encore, sans données théoriques d'aucune sorte, sans démonstration de qui que ce fût, sans le secours de l'explication élémentaire la plus banale, et par la seule puissance de sa compréhension, devina spontanément toutes ces grandes lois scientifiques. L'unique inspection de la nouvelle machine lui suffit. Il saisit le rôle de toutes ses pièces, le fonctionnement de chacun de ses organes très-compliqués, et il atteignait à peine seize ans, qu'on le chargeait de la diriger en maître, avec le titre de mécanicien en chef.

Voilà Claude Verpilleux entré d'emblée dans son élément. Le voilà sur son terrain, dans son domaine. Il est chez lui. Aussi va-t-il donner libre carrière à son esprit curieux, chercheur et inventif. — D'abord, la machine étrangère qu'il a à conduire est imparfaite. Il l'améliore, en la modifiant, et bientôt en imagine un type nouveau dont il construit lui-même le modèle de ses mains.

M. Fleurdelix avait pris Verpilleux en affection et l'encourageait dans ses tentatives. Frappé des résultats obtenus à Egarande, il l'engagea à monter un petit atelier, à son compte, où il pût appliquer aux machines anglaises, déjà fort nombreuses dans le bassin, mais ruineusement défectueuses, les perfectionnements inattendus qu'il avait imaginés.

En 1820, ce projet fut mis à exécution avec un succès qui dépassa toutes les espérances.

Par des modifications ingénieuses apportées tantôt

à la distribution de la vapeur, tantôt au condenseur, Verpilleux transforma complètement ces appareils et en plaça un grand nombre, ne demandant, pour toute rémunération, qu'une part de l'économie réalisée.

III

Grâce à ces intelligents travaux, Verpilleux avait rapidement acquis, dans le bassin du Gier et de la Loire, une flatteuse notoriété. De toute part, on recherchait ses conseils, on sollicitait son avis, on tenait en particulière estime sa rare compétence. Aussi, en 1825, le mécanicien anglais qui était venu monter et diriger les machines Watt, acquises pour les forges de Terrenoire, ayant perdu son emploi, c'est à Verpilleux que la Compagnie s'adressa pour le remplacer.

Verpilleux occupa cette importante position jusqu'en 1832. Cette période de sept ans fut une des époques les plus laborieuses et les plus fécondes de sa vie. Il y déploya, avec une activité prodigieuse, des facultés d'observation vraiment étonnantes. La sagacité naturelle de son esprit, sa pénétration vive et rapide, et en même temps la sûreté et la netteté de son jugement s'affirmèrent avec une telle autorité qu'il fut bientôt réputé pour l'un des hommes spéciaux les plus remarquables de la région.

Bien qu'attaché à la direction des machines de

Terrenoire, Verpilleux conservait son atelier de réparation qu'il avait même développé en s'adjoignant M. Baldeyrou, possesseur, lui aussi, d'une petite forge, mais munie d'outils plus puissants que ceux dont il disposait. Presque chaque soir, son travail fini, il quittait Terrenoire, s'en allait, à pied, à Rive-de-Gier pour conférer avec son associé des travaux en cours d'exécution dans leur commune usine. Le lendemain, l'heure sonnante le retrouvait à son poste.

Sa robuste santé et sa forte constitution résistaient à cette fatigue excessive.

IV

M. Génissieux, qui venait de remplacer M. Leroux, comme directeur de Terrenoire, possédait, entr'autres qualités précieuses chez un administrateur, une perspicacité particulière pour discerner le mérite, où qu'il fût. Il eut bientôt reconnu et mesuré la rare intelligence de cet ouvrier de génie et, dès lors, il s'honora de le traiter publiquement en ami.

A cette époque, la Compagnie entretenait à la Voulte, deux hauts-fourneaux dont les machines soufflantes avaient été construites et montées par l'anglais Still, tué, peu de temps après, par l'explosion de son bateau sur le Rhône. Ces machines, à balancier et volant, qui, à leur début, avaient fonctionné avec de la vapeur à quatre atmosphères de pression, se composaient de trois cylindres moteurs dans lesquels la vapeur devait se détendre successivement. C'était, en soi, un principe excellent; mais, après l'accident du Rhône, l'administration des mines, redoutant des catastrophes analogues, crut devoir ramener par mesure de prudence la tension de la vapeur des chaudières à deux atmosphères, et, dès lors, comme il fallait s'y attendre, l'effet utile des appareils se trouva presque annulé. On essaya, coup sur coup, diverses modifications pour remédier à cette impuissance désastreuse. Aucune ne réussit et il devint bientôt à peu près impossible de produire de la fonte à la Voulte.

Les intérêts de la Compagnie étaient en sérieux péril.

En cette grave occurence, M. Génissieux songea à Verpilleux. Il le pria d'aller visiter les engins désemparés et de lui proposer les changements qu'il jugerait utiles; mission plus que difficile, puisque, de l'avis des ingénieurs les plus compétents, successivement consultés, la question posée était insoluble. Verpilleux, avec cette hardiesse réfléchie qui le caractérisait, n'en entreprit pas moins de la résoudre. Il partit pour la Voulte, étudia longuement et minutieusement le mécanisme de Still, et sans faire part à personne de ses impressions, seul, sans le secours d'aucun ouvrier, se mit résolument à l'œuvre. Quelques semaines après, la machine soufflante reprenait, comme devant, sa marche normale et régulière.

Une prospérité inouïe fut le résultat immédiat de

cette transformation. Les actions des hauts-fourneaux de la Voulte qui, de 10,000 francs, étaient tombées à 1,500, atteignirent, au bout de la deuxième année, le chiffre fabuleux de 45,000 francs.

V

En 1832, Verpilleux quitta l'usine de Terrenoire, emportant l'affection, l'estime, et, on peut le dire, l'admiration de tous ceux qu'il y avait connus. La mort de son associé, M. Baldeyrou, avait rendu sa présence nécessaire dans ses ateliers de Rive-de-Gier.

Déjà la fortune, qu'il avait ramenée dans les œuvres d'autrui, souriait aux propres entreprises de l'habile et économe mécanicien. Les redevances exercées, depuis plusieurs années, dans quelques exploitations de mines qui utilisaient ses machines modifiées, la pompe qu'il avait installée à Givors pour maintenir le niveau d'eau du bassin du canal et divers autres travaux exécutés avec un égal succès lui avaient acquis une honorable aisance.

Il pouvait entreprendre, désormais, avec ses ressources personnelles, l'étude de deux grands problèmes que son génie s'était posés depuis longtemps et à la solution desquels il attachait l'honneur et la fortune de sa carrière :

Remonter par des locomotives, de Rive-de-Gier à

Saint-Etienne, les wagons du chemin de fer, que la rapidité des rampes forçait à faire traîner par des chevaux ;

Et remorquer par la vapeur, sur le Rhône, les bateaux qui servaient aux transports des houilles et des minerais.

Les rails du chemin de fer de Saint-Etienne à Lyon que M. Seguin venait de terminer au milieu de difficultés que ses contemporains seuls ont pu apprécier, ne pesaient que 13 kilogrammes le mètre courant et ne pouvaient supporter des machines d'un poids supérieur à 10 tonnes.

De Lyon à Rive-de-Gier, sur les parties de la ligne où la pente était faible et ne dépassait pas $0^{m},008$ par mètre, la traction se faisait par locomotives ; mais, entre Rive-de-Gier et Saint-Etienne, où la pente est de $0^{m},016$ par mètre, l'adhérence devenait insuffisante et les wagons étaient traînés par des attelages.

Verpilleux proposa à la Compagnie du chemin de fer de construire des machines qui, sans dépasser le poids maximum de 10 tonnes, seraient assez puissantes pour remonter 30 wagons. Il offrit, en même temps, une réduction de 25 °/₀ sur le prix de revient de la traction actuelle.

Son système, dont il avait expérimenté l'efficacité dans ses ateliers, n'était connu de personne. La Compagnie n'y voulut pas croire. Ce ne fut qu'en 1839 que M. Gervois, ingénieur des mines et gendre de M. Camille Seguin, nommé récemment directeur du chemin de fer, et qui avait été déjà en relations avec Verpilleux lors de l'installation des machines d'extraction au puits Villard, consentit à signer pour la remonte des wagons un traité qui ne devait toutefois être définitif qu'après essai.

Verpilleux construisit immédiatement une locomotive spéciale dont l'économie consistait à réunir le tender à la machine par un tuyau à genouillère, de façon à faire agir, à la fois, la vapeur sur les roues de l'un et de l'autre. Dans cette combinaison, le tender devenait une seconde machine motrice, et son poids total s'ajoutait, pour l'adhérence et par conséquent pour l'entraînement, au poids de la locomotive.

A la première épreuve, — la machine pesant 10 tonnes, le tender 7, — le nombre de wagons remorqués atteignit 21. Mais, dans la machine définitive, le poids du tender fut porté à 10 tonnes et, dès lors, les trains purent se composer de 38 à 40 wagons.

Le succès était complet. La Compagnie s'empressa de ratifier le traité provisoirement conclu, et Verpilleux fut chargé, pendant dix ans, de la remonte des wagons entre Rive-de-Gier et Saint-Etienne.

Ce mode d'exploitation dura jusqu'en 1850, époque à laquelle le chemin de fer fut reconstruit par MM. Parent et Schaken. Le rail de 13 kilos fut alors remplacé par un rail de 36 kilos, qui permit l'emploi de locomotives de 35 tonnes, et la difficulté que Verpilleux avait si heureusement résolue en utilisant l'adhérence du tender, cessa d'exister.

Ajoutons toutefois que, même avec des locomotives de 35 tonnes, Verpilleux aurait continué à appliquer son système, s'il eût été chargé de la traction sur la ligne rectifiée. Il se proposait de munir le tender de cylindres d'une capacité supérieure à celle des cylindres moteurs de la machine et d'y envoyer la vapeur, comme dans les machines Woolf, après l'avoir utilisée dans la locomotive.

Des essais concluants avaient été faits sur un petit modèle qui a fonctionné longtemps dans son usine. Il est à regretter qu'aucune expérience en grand n'ait encore été tentée dans ce sens.

Le second problème, qui consistait à remorquer les bateaux du Rhône, fut résolu avec le même bonheur.

Avant l'établissement des chemins de fer dans la vallée du Rhône, le transport des marchandises lourdes se faisait exclusivement par le fleuve. La Compagnie des Hauts-Fourneaux de Terrenoire, notamment, qui produisait ses fontes à la Voulte avec les minerais de la Voulte et de Privas, avait à descendre son charbon par bateaux et à remonter de même à Givors ses matières fabriquées. Elle payait, en 1835, 2 francs par 100 kilog. et la traction s'opérait, avec beaucoup de difficultés et grande perte de temps, par des équipages de chevaux.

Verpillleux imagina de construire un remorqueur à vapeur, muni d'une roue motrice de 6 mètres de diamètre à axe mobile dans deux fortes coulisses et armée de crampons ou grappins espacés sur sa circonférence, et destinés à prendre un point d'appui utile sur le lit même du fleuve.

L'idée était hardie. Elle parut chimérique à beaucoup de bons esprits. On objectait surtout, non sans vraisemblance, que les espèces de crocs ou de dents en fer, qui hérissaient la circonférence de la roue, ne pourraient s'agraffer aux roches dures qu'elles rencontreraient à chaque instant au fond de l'eau. Mais Verpilleux s'était rendu compte par des sondages multipliés que l'on se trouverait bien plus souvent sur du gravier ou sur du sable que sur du roc et que, dans le cas où la roue, soit par cette raison, soit par excès de profondeur du fond, soit par toute autre cause, n'aurait plus d'action sur le lit du fleuve, les palettes dont était muni le bateau et qui lui venaient en aide constamment à la descente, lui suffiraient toujours pour se rapprocher de l'une des deux rives et éviter ainsi l'écueil.

Il s'ouvrit de son projet à M. Génissieux qui l'engagea à y donner suite. En 1840, son premier bateau fut construit.

Au début, les difficultés signalées à l'inventeur vinrent toutes se dresser contre lui. Mais, plein de foi dans son œuvre, il ne se rebuta pas. Soutenu par ce calme impassible et cette opiniâtreté convaincue qui furent les traits distinctifs de son génie et ne l'abandonnèrent jamais pendant toute sa belle et longue carrière, il parvint à surmonter tous les obstacles. C'est lui-même qui s'attacha à former l'équipage de son bateau aux manœuvres, souvent délicates, qu'il avait à exécuter, lui-même qui voulut surveiller le fonctionnement de ses machines auxquelles il apportait, en quelque sorte séance tenante, les modifications que la mise en action lui indiquait.

Le succès fut décisif. Le Grappin put remonter facilement 4 bateaux chargés, avec une vitesse de 6 kilomètres à l'heure et le prix de transport des fontes de la Voulte à Givors fut abaissé de 2 francs à 0 fr. 50 par 100 kilog.

En 1842, un deuxième Grappin plus puissant que le premier était lancé. Quatre ans plus tard, se formait pour l'exploitation de ce système, entre Arles et Lyon, une société qui subsiste encore et a réalisé des bénéfices considérables jusqu'à la construction de a ligne ferrée de Lyon à Marseille.

Au moment où la mort l'a surpris, Verpilleux songeait à établir un bateau d'un type nouveau qui eût porté lui-même la marchandise au lieu de la remorquer. Avec un petit modèle, construit sur ses plans, il avait commencé une série d'essais qui avaient été concluants. Grâce à sa persévérance habituelle, il eût mené à bien cette entreprise en laquelle il avait foi. Elle est restée malheureusement inachevée.

VI.

Pendant cette période si brillamment occupée de la vie de l'ingénieux mécanicien, l'atelier de Rive-de-Gier, auquel il avait encore associé son frère et ses beaux-fils, MM. Baldeyrou, était en pleine activité sous la direction immédiate de la digne compagne que Verpilleux s'était donnée, esprit d'élite et cœur vaillant, elle aussi, qui a contribué, pour une large part, à la prospérité de son mari.

Des travaux importants y étaient en cours d'exécution lorsqu'éclata la révolution de 1848. M. Jean-Claude Baldeyrou remplissait alors les difficiles fonctions de maire de Rive-de-Gier. Il trouva dans son beau-père un appui énergique pour maintenir l'ordre public et lutter contre les mauvaises passions que des émissaires étrangers cherchaient à exciter dans la population industrielle de la vallée du Gier.

L'attitude ferme et résolue de Verpilleux, au cours de cette crise dangereuse, et la réputation flatteuse que ses admirables inventions avaient attachée à son nom, le firent désigner par tous les hommes modérés de la Loire comme candidat à la Constituante, où il fut élu l'un des premiers de la liste départementale.

Il accepta cette nouvelle situation — qu'il n'avait point briguée — non comme un honneur, mais comme un devoir, estimant que, lorsque la patrie est en péril, nul n'a le droit de décliner son poste de combat.

Verpilleux apporta sur les bancs de l'Assemblée nationale les éminentes facultés dont il avait donné ailleurs de si merveilleuses preuves : une rectitude d'esprit et une solidité de jugement incomparables, toujours au service des grands principes d'ordre social et de morale chrétienne.

L'attentat révolutionnaire du 15 mai le trouva, sur son siège de représentant, calme et digne, mais prêt à répondre à ceux qui eussent tentés de l'en arracher, autrement que par de vaines protestations et avec un texte de loi à la main.

L'ordre légal rétabli et l'œuvre de la Constituante achevée, c'est avec bonheur que Verpilleux, ayant refusé le renouvellement du mandat législatif qui lui était offert, revint à son usine bien-aimée de Rive-de-Gier, au milieu de ces braves forgerons, ses camarades d'autrefois, maintenant ses auxiliaires dévoués.

Mais deux grandes douleurs l'y attendaient. En 1853, il perdit l'un de ses beaux-fils, M. Jean-Claude Baldeyrou, qu'il aimait tendrement, et, cinq ans plus tard, sa femme lui fut enlevée.

Ayant marié, quelque temps après, sa fille avec M. de Montgolfier, ingénieur des ponts-et-chaussées, il pensa que le moment d'un repos relatif était venu. S'arrachant alors à ses travaux favoris, il se retira, avec son second beau-fils, M. François Baldeyrou, dans sa maison de campagne de la Catonnière, qu'il avait ornée de ses mains et qui reflétait, en quelque sorte, par ses dispositions pittoresques, les préoccupations ingénieuses si chères à son esprit.

C'est dans cette retraite honorée qu'il passa les dix-sept dernières années de sa vie, en pleine possession, jusqu'au bout, de ses admirables aptitudes et jouissant en paix de la célébrité de son renom.

VII

Si grande et si bien remplie qu'ait été jusqu'alors son œuvre, Verpilleux estimait cependant qu'elle restait incomplète;

Nil actum reputans si quid superesset agendum.

Telle pouvait être sa devise.

Son imagination, sans cesse en éveil, rêvait des solutions imprévues. C'est ainsi qu'il voulut construire une machine à air chaud et se livra, à cet effet, à des expériences d'un curieux intérêt, mais sans aboutir, pour la première fois peut-être, au résultat espéré. Il s'en consola avec esprit, disant : « C'est « bien fait, je ne suis qu'un ingrat, la vapeur m'a « toujours bien servi, j'ai eu tort de lui être infidèle. »

Il se vengea de cet échec en inventant, pour l'irrigation de sa propriété, un moulin à vent, vrai chef-d'œuvre de mécanique. Ce moulin, qui s'orientait lui-même, sans jamais s'emporter, actionnait une pompe qui remontait l'eau de 50 mètres de profondeur à l'aide d'une transmission par colonne d'eau aussi simple qu'ingénieuse.

Mais une idée plus grave, qui l'avait bien souvent absorbé au cours de sa vie militante, le poursuivait dans la solitude. Il songeait à prévenir les formidables catastrophes causées par l'explosion du grisou dans les mines, et à conserver à leurs familles tant et de si intrépides travailleurs qui trouvaient, chaque année, autour de lui, une mort si affreuse dans leur labeur souterrain !... Il avait vu de près l'implacable fléau et, bien des fois en allant allumer lui-même le gaz meurtrier dans les galeries, avant l'arrivée de ses camarades, il s'était demandé si ceux qui allaient si gaiement descendre dans le puits, n'en remonteraient pas, avant le soir, à l'état de cadavres.

Un phénomène particulier qui, depuis a été scientifiquement constaté, avait, dès sa jeunesse, frappé son esprit observateur et attentif. Il avait remarqué l'influence singulière des poussières de charbons dans les explosions, et s'était convaincu que la grande quantité d'oxyde de carbone et d'acide carbonique produite au moment de la détonation, provenait, non pas de l'explosion même, mais de la combustion instantanée des poussières et, dans son langage pittoresque, il disait : « L'explosion du grisou, c'est la « capsule qui met le feu à la charge. La charge, « c'est la poussière de charbon répandue dans la « mine. »

Il en concluait que, pour conjurer ces véritables hécatombes d'hommes, il fallait, à l'instant où l'explosion éclate, arrêter les courants d'air dans les chantiers et localiser l'accident. A cet effet, il avait établi, dans la mine d'Egarande, des portes que la pression même des gaz détonnants devait fermer, interceptant ainsi toute communication d'une section de la galerie avec les autres.

Il avait expérimenté l'efficacité de cette disposition à la Catonnière, à l'aide d'appareils intéressants qu'il montrait aux hommes compétents qui venaient le visiter. Le gaz, produit par la distillation de la houille dans une cornue, était amené dans une longue conduite en tôle — figurant une galerie de charbonnages — dans laquelle il avait disposé une porte. Le mélange gazeux étant enflammé à l'orifice du tuyau, instantanément, à l'autre extrémité, on pouvait constater l'effet de l'explosion suivant que la porte s'était fermée ou était demeurée ouverte.

Verpilleux resta, jusqu'à la fin de ses jours, préoccupé du souci de faire aboutir son philanthropique projet. Il en causait constamment avec ses enfants et son beau-frère, M. Graisely, qui était venu se fixer avec sa famille dans une propriété voisine de la sienne et dont la tendre affection lui était douce et précieuse. Il est mort avec le regret, bien souvent exprimé, de n'avoir pu réaliser son idée, au moins dans les exploitations houillères de sa région, au sein desquelles il avait été, plus que tout autre, témoin impuissant et quelquefois acteur héroïque de tant d'horribles drames.

VIII

En 1841, à l'occasion d'une visite faite par le ministre du commerce dans le bassin de la Loire, Verpilleux avait été nommé chevalier de la Légion d'honneur. Nous avons sous les yeux le rapport qui motiva sa nomination. Ce document résume, avec trop de vérité, la vie et les travaux de cet homme de tête et de cœur, pour que nous résistions au plaisir de le publier :

« Sire, disait le ministre, j'ai l'honneur de sou-
« mettre à Votre Majesté un projet d'ordonnance
« ayant pour objet de nommer chevalier de la Légion
« d'honneur M. Verpilleux, mécanicien à Rive-de-
« Gier.

« Fils d'un ouvrier et attaché à des exploitations
« houillères dès l'âge de 12 ans, Verpilleux n'a pu
« recevoir d'autre instruction que celle que don-
« nent les écoles primaires. Mais chez lui le génie a
« suppléé à ce que l'éducation avait eu d'incomplet.
« Doué d'une prodigieuse activité d'esprit et d'une
« persévérance infatigable, il est arrivé à se placer au
« rang de nos plus habiles mécaniciens. Personne en
« France n'a travaillé plus que lui à perfectionner la
« construction des machines à vapeur. L'étalbisse-
« ment qu'il dirige depuis quelques années seulement
« a déjà des relations fort étendues et aurait pris des
« développements plus considérables encore, si
« M. Verpilleux, aussi prudent qu'habile, ne s'était
« borné à entreprendre que ce qui pouvait être
« exécuté sous sa surveillance immédiate.

« M. Verpilleux vient d'apporter un notable per-
« fectionnement dans les machines employées à la
« remonte des bateaux sur le Rhône. Il a imaginé un
« système qui consiste en un remorqueur manœu-

« vrant par une roue mobile sur le fond même du « fleuve. Ce système, qui a réussi, réalisera sans « doute une importante amélioration dans le service « de la navigation du Rhône.

« La nomination de M. Verpilleux au grade de « chevalier de la Légion d'honneur sera accueillie « avec un sentiment unanime de satisfaction par la « nombreuse population ouvrière de Rive-de-Gier ; « elle fera voir qu'un ouvrier peut mériter et obtenir, « par son travail, les distinctions les plus honora- « bles ; elle sera enfin une nouvelle preuve du vif « intérêt qu'inspirent à Votre Majesté tous ceux qui, « par leurs talents et leurs services, ont bien mérité « du pays. »

En 1874, sur la double proposition de M. le comte Ducros et de M. le baron de Sandrans, préfets de la Loire, qui professaient pour le caractère et les services de l'illustre mécanicien la vénération a plus profonde et la plus haute estime, le maréchal de Mac-Mahon lui accorda la rosette d'officier. M. Grivart, alors ministre du commerce, voulut notifier cette nouvelle distinction à Verpilleux dans des termes exceptionnellement flatteurs qui émurent vivement le vieux lutteur au repos.

Verpilleux écrivit à son tour au ministre une lettre touchante pour le remercier d'un honneur qu'il regardait comme le glorieux couronnement de sa carrière.

IX

Nous avons dit que Verpilleux était entré dans l'arène industrielle, qu'il allait parcourir avec tant d'éclat, muni d'un bien mince bagage scientifique et littéraire. Il savait lire ; tout juste écrire ; à peine « chiffrer » ; et ne possédait, par surcroît, aucune notion du dessin linéaire. Aussi dut-il suppléer à l'insuffisance flagrante de cette instruction première par des efforts d'intelligence native considérables : « Vous êtes bien heureux, vous autres, disait-il « quelquefois à ceux qui avaient eu la chance de « faire de sérieuses études, l'enseignement vous a « mis en main une lunette d'approche : moi, je ne « puis recourir qu'à mes yeux. »

Faut-il s'étonner si Verpilleux ne se soucia jamais beaucoup d'utiliser personnellement la plume ? La préoccupation de la phrase le gênait trop. Dictait-il, au contraire, — ce qu'il faisait habituellement, — sa pensée se traduisait, comme par enchantement, avec une clarté et une précision incomparables. Le mot propre arrivait de soi, avec un singulier bonheur. Il disait bien ce qu'il voulait dire et tout ce qu'il voulait dire, sans rien au-delà.

Dans la discussion, où il se plaisait volontiers avec les hommes du métier, il n'imposait point son opinion. Il l'exposait avec une conviction ferme qui n'excluait ni la contradiction courtoise, ni la tolérance bienveillante.

Sa parole, un peu lente peut-être et froide au début, s'animait par degrés, devenait vive, rapide et portait infailliblement la lumière dans les esprits. Comme il voyait de haut et d'ensemble les choses de la science, sa conversation déroutait parfois ses interlocuteurs; mais il s'apercevait vite qu'il n'était pas compris, et, revenant alors aux détails préalables qu'il avait négligés, il reprenait le raisonnement en logicien consommé.

Bien que l'activité, sous toutes ses formes, fût sa vertu dominante et comme son démon familier, l'ingénieur presque illettré de Rive-de-Gier se tenait assidûment au courant des progrès de toutes les études qui l'intéressaient. Il lisait les publications périodiques des sociétés savantes, les ouvrages scientifiques nouveaux, les bulletins des inventions contemporaines. La prodigieuse pénétration de son esprit lui donnait bientôt le dernier mot d'une théorie; et, très-souvent, il fermait le livre aux premières pages, ayant déjà jugé la valeur de l'œuvre et le mérite de l'auteur.

Ses belles découvertes avaient répandu son nom fort au-delà des limites de la contrée où s'exerçait son génie. On venait le consulter de tous les points de la France, de l'extrémité de l'Europe même, avec respect et déférence. Il donna toujours ses avis avec une bonne grâce et une abnégation qui lui firent autant d'amis que d'admirateurs. Il en comptait partout, en Angleterre, en Allemagne, et lorsque Crampton construisit ces puissantes locomotives qui dévorent, avec une vertigineuse rapidité, les grandes voies ferrées du monde entier, il voulut que Verpilleux assistât à ses expériences et fût l'un des premiers témoins de ses succès.

La vivacité étonnante de son intelligence — qui lui valut, de haute lutte, une place exceptionnelle parmi les hommes distingués de son âge — était rehaussée ou, si l'on aime mieux, tempérée par une bonté d'âme exquise, qui rayonnait sur sa physionomie, douce et fine, encadrée d'une magnifique couronne de cheveux blancs. — C'est surtout pour ses vaillants ouvriers, dont il était devenu le chef, après avoir été leur camarade, qu'il professait une bienveillance inaltérable, qui allait jusqu'à la tendresse. Il avait partagé leur pénible fonction et mené leur redoutable existence au fond des mines ; il s'était exposé à leurs terribles dangers et avait plus d'une fois dirigé leurs héroïques sauvetages ; comment ne les eût-il pas aimés, protégés, encouragés et secourus, quand la fortune eut fécondé ses efforts ?

Chef de famille chéri et respecté, sa sollicitude prévoyante associa tous les siens à sa prospérité et il eut la gloire de fonder une maison à laquelle les plus honorables pouvaient porter envie.

Tour-à-tour simple citoyen et magistrat, il mit au service de son pays un dévouement sans bornes et donna à tous, avec l'exemple des plus nobles vertus, l'enseignement des plus austères devoirs.

Il apporta constamment dans les nombreuses fonctions dont la confiance de ses concitoyens l'avait investi une exactitude exemplaire. L'administration des Hospices de Rive-de-Gier était surtout une des charges dont il aimait à s'acquitter avec un zèle particulier.

Doué d'une constitution robuste, que les travaux d'une existence partagée entre les conceptions de l'esprit et les labeurs du corps n'avaient fait que fortifier, Verpilleux conserva, jusqu'à son dernier jour, une verte vieillesse. Il avait souhaité mourir comme il avait vécu : debout. Dieu, en qui il eut toujours une foi absolue, lui fit cette dernière grâce. — S'aliter aurait semblé à cet athlète invaincu comme une humiliation.

Lorsque le vénérable curé de Saint-Jean de Rive-de-Gier vint lui apporter les secours de la religion, il l'accueillit avec joie et, se découvrant à son approche, il lui dit simplement : « Monsieur l'abbé, jamais « votre visite ne m'a fait plus de plaisir. » Sa confession achevée, comme le prêtre l'encourageait, en essayant de lui persuader que Dieu lui réservait encore de longs jours : « Je n'en sais rien, répon-« dit-il, mais j'ai toujours accepté, avec résignation, « sa volonté souveraine. Je lui demande seulement « de me conserver, jusqu'au bout, le calme et la « fermeté dont j'ai, quelques fois, donné des preuves « dans ma vie. »

Cette fermeté et ce calme ne l'abandonnèrent pas. Quelques heures après le départ du confesseur, sentant venir l'heure de la séparation suprême, il pressa, une dernière fois, la main de sa fille, arrivée à temps pour l'embrasser, puis, sans angoisse, sans agonie, fermant doucement les yeux, il s'en alla de ce monde, comme s'en vont les grands chrétiens : doux avec la mort et plein d'espérance en Dieu.

X.

Ainsi vécut et ainsi mourut Claude Verpilleux, le pauvre petit écolier des Frères de la Doctrine chrétienne de Rive de-Gier, devenu une des illustrations les plus pures de son époque et l'orgueil du pays où il naquit.

Nous avons pensé, répétons-le en finissant, qu'on lirait avec quelque intérêt l'histoire de cet enfant du peuple, qui ne dut le succès et la fortune qu'à son seul génie et à ses seules vertus. Et nous l'avons écrite, non point pour honorer sa mémoire — elle peut se passer de cet hommage — mais afin qu'elle serve de leçon et d'encouragement à ceux qui, doués d'éminentes facultés naturelles, mais placés dans un humble milieu, seraient tentés de désespérer de l'avenir et d'eux-mêmes.

L'exemple de ce glorieux parvenu du travail mérite

de rester comme la démonstration la plus saisissante, en ce temps-ci, de la vérité de cette grande maxime, aussi chrétienne que française :

« *Aide-toi, le ciel t'aidera.* »

Saint-Etienne, imp. Théolier frères.

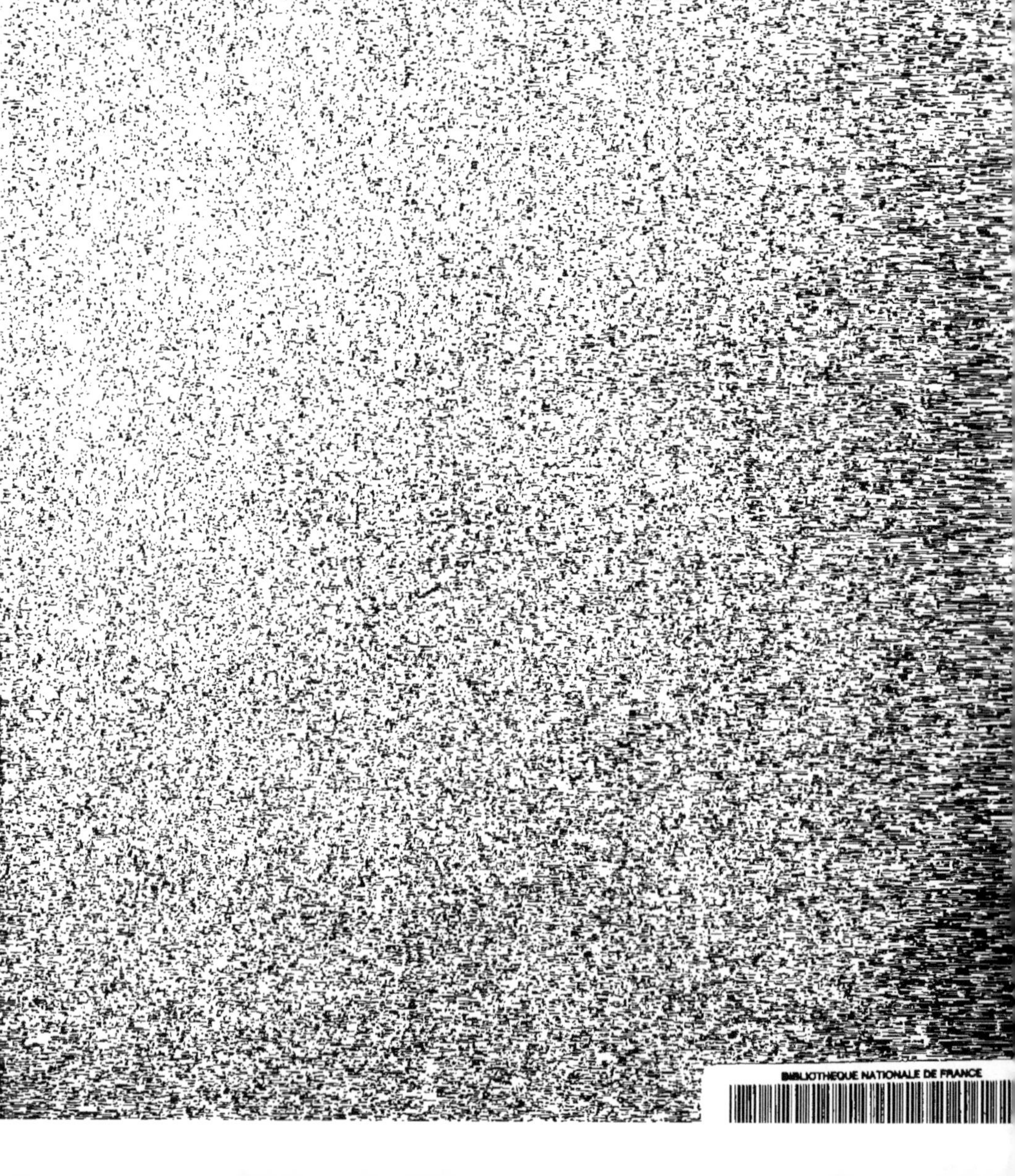

www.ingramcontent.com/pod-product-compliance
Ingram Content Group UK Ltd.
Pitfield, Milton Keynes, MK11 3LW, UK
UKHW020219200726
13856UKWH00004B/1491